AF438129

IMPRIMERIE PAUL DUPONT.

COMPTE RENDU

DU

BANQUET

A L'OCCASION

DE LA REMISE D'UNE MÉDAILLE

Offerte à M. SELLIER,

Par ses amis de l'imprimerie de M. PAUL DUPONT.

PARIS

IMPRIMERIE ADMINISTRATIVE ET DES CHEMINS DE FER DE PAUL DUPONT

RUE DE GRENELLE-SAINT-HONORÉ, 45.

1861

COMPTE RENDU

De la Séance du Dimanche 16 Juin 1861, onze heures du matin.

Le Dimanche 16 juin 1861, les souscripteurs à la Médaille décernée à M. Sellier se sont réunis à la salle de *la Redoute*, sous la présidence de M. Faye, prote de l'imprimerie.

Deux délégués introduisent M. Sellier, qui prend place sur un fauteuil, en face du bureau.

La parole est donnée d'abord à M. Clostre, secrétaire, lequel exprime, au nom de M. Boyer, directeur de la maison, ses regrets de ne pouvoir assister à la séance.

M. Richard, prote aux presses, donne lecture du procès-verbal suivant :

PROCÈS-VERBAL

DE LA RÉUNION EXTRAORDINAIRE DES DÉLÉGATIONS DE 1860 ET 1861.

Séance du 13 Mai 1861.

Présidence de M. FAYE, prote.

La séance est ouverte à 6 heures précises.

Sont présents : MM. FAYE, RICHARD, NAU, DEVIN, MASSON, AILLAUD, MOTARD, ZURCHER, WILHELM, MAUCOMBLE, TIXIER, PARROT, LIHARD, TOREL, LAFOND, DEBÈS, DESANTE, CLOSTRE, *secrétaire*, tous membres des deux délégations.

M. le Président donne la parole à M. Parrot.

M. Parrot entretient l'Assemblée des longs et honorables services de M. SELLIER, l'un de ses membres les plus actifs et les plus dévoués. Il rappelle les titres que M. SELLIER s'est créés depuis vingt ans à la reconnaissance de ses camarades. « M. SELLIER, dit-il, est toujours le premier lorsqu'il s'agit de faire du bien. Quand la mort impitoyable frappe parmi nous

et nous enlève un ami, c'est lui qui porte à sa famille les suprèmes conso-
lations de la fraternité, et lui épargne les douloureuses démarches que
nécessitent ces tristes événements. C'est lui qui se met à la tête de toutes
les manifestations qui ont pour mobile l'humanité. Que de collectes n'a-t-il
pas faites? combien d'infortunes n'a-t-il pas soulagées? — Je crois être,
continue M. Parrot, l'interprète de l'atelier tout entier, en vous proposant,
Messieurs, de décerner à notre camarade SELLIER une récompense qui sera
pour lui un honneur mérité, et qui perpétuera dans sa famille le souvenir
touchant des nobles qualités de son cœur, en même temps qu'elle sera
un témoignage durable de notre estime, de notre amitié et de notre reconnaissance.

« J'ai l'honneur de déposer entre les mains de M. le Président la proposition suivante :

« En souvenir du dévouement à toute épreuve de notre camarade
« EMILE SELLIER, l'ancienne et la nouvelle délégation réunies, se croyant les
« interprètes des sentiments de la maison entière, décident qu'il sera offert
« une Médaille d'argent à leur confrère et ami, comme témoignage de
« leur reconnaissance et de leur sincère amitié, et que, pour pourvoir à cette
« dépense, une souscription, dont le prix est fixé à 50 centimes, sera ouverte
« dans tous les ateliers et bureaux. »

M. Richard appuie la proposition de M. Parrot, et ajoute de chaleureuses
paroles, qui sont accueillies avec sympathie par l'Assemblée.

La proposition, mise aux voix, est adoptée à l'unanimité.

Ce premier point vidé, la discussion s'ouvre sur la question de savoir de
quelle manière cette Médaille sera remise à M. Sellier. Plusieurs membres
demandent qu'on organise une fête, un banquet, où la Médaille sera donnée
solennellement à M. Sellier. D'autres membres voudraient que la Médaille
lui fût offerte dans l'atelier même, et qu'à la suite, M. Sellier fût invité à
un déjeûner où assisteraient les membres des deux Commissions réunies,
et les personnes qui manifesteraient le désir de s'unir à elles.

M. Clostre fait observer qu'il vaudrait peut-être mieux organiser deux
souscriptions distinctes, l'une pour la Médaille, l'autre pour le banquet;
de cette façon personne ne sera écarté de l'une ou de l'autre manifestation,
et cette liberté même contribuera au succès de l'œuvre principale, la
création de la Médaille.

Après une courte discussion, cette proposition est adoptée en ces termes :

« La Médaille, produit de la souscription ouverte dans les ateliers et les
« bureaux, sera offerte à M. Sellier dans une réunion qui aura lieu à la
« salle de la Redoute. A la suite de cette cérémonie, un banquet aura lieu.
« Les deux souscriptions seront distinctes et facultatives. »

Une Commission de sept membres, chargée de faire procéder aux souscriptions et d'organiser la fête, est nommée séance tenante. Elle se compose
de MM. Clostre, Debès, Desante, Motard, Parrot, Tixier et Wilhelm.

M. Parrot est ensuite prié d'aller chercher M. Sellier et de l'introduire
dans l'Assemblée. M. le Président l'invite à s'asseoir, et lui fait connaître
les résolutions qui viennent d'être prises.

M. Sellier, en écoutant cette communication, ne peut maîtriser l'émotion
qui s'empare de lui ; des larmes jaillissent de ses yeux, et cette émotion
est partagée par l'Assemblée entière. Il essaie de remercier les Commissions réunies, mais les paroles expirent sur ses lèvres, et c'est en em-
brassant ceux de ses amis qui se trouvent le plus près de lui qu'il exprime le bonheur et la joie qui remplissent son cœur.

La séance est levée à 7 heures, au milieu des applaudissements de tous
ceux qui y assistaient.

Le présent procès-verbal, après avoir été revêtu des signatures des membres des deux délégations, a été remis à M. Sellier, pour lui tenir lieu
de diplôme et constater solennellement son droit.

Après cette lecture, M. le Président adresse à M. Sellier le discours
suivant:

Mon cher Sellier,

Je suis heureux d'avoir été chargé, au nom de nos amis et camarades de
l'imprimerie, de vous remettre cette Médaille, comme témoignage de l'estime
et de la reconnaissance que vous avez su mériter, par cette inépuisable bonté
de cœur que l'on est sûr de rencontrer toutes les fois qu'il s'agit d'une
bonne œuvre à accomplir ou d'un service à rendre.

Mais c'est surtout quand le malheur frappe l'un de nous, qu'il est donné
de mieux apprécier encore vos grandes et précieuses qualités.

En effet, qu'un de nos camarades voie ses ressources épuisées par une
longue maladie, n'est-ce pas à votre fraternelle sollicitude qu'il doit d'être

secouru? Et quand la mort atteint l'un de nous, n'est-ce pas vous encore qui lui rendez les derniers services sur cette terre, en vous chargeant de toutes ces longues et fatigantes démarches, si pénibles pour les familles Enfin, sous quelque forme qu'elle se présente, l'infortune ne vous doit-elle pas aussi tous les adoucissements qu'il nous est possible d'y apporter?

Grâces vous soient donc rendues pour tout ce dévouement, que n'oubliera jamais notre gratitude, et que consacrera le faible hommage que nous sommes heureux de vous offrir aujourd'hui.

Minime en apparence, la valeur de cette Médaille est pourtant inappréciable par l'idée qui s'y attache; car si, dans notre pensée, elle doit servir de distinction, pour le présent, à l'homme possédant cette suprême vertu de faire *le bien pour le bien*, elle est destinée aussi à dire de lui, à ceux qui l'interrogeront dans l'avenir: *Il fut utile à ses semblables!*

Ce discours est accueilli par d'unanimes applaudissements, qui redoublent quand M. le Président attache la Médaille sur la poitrine de M. Sellier.

Lorsque cette émotion est calmée, M. Sellier prend la parole en ces termes :

Mesdames et Messieurs,

Si, lors de la communication de la décision de MM. vos délégués, je fus trop ému pour les remercier de cette distinction qu'ils me décernaient, croyez bien que ce n'était que par le manque d'expressions pour une telle marque d'estime; mais aujourd'hui, plein de sérénité, leur décision ayant pris un corps par l'adhésion presque unanime de la maison, je viens, Mesdames et Messieurs, vous remercier du plus profond de mon âme. Soyez persuadés que si j'ai pu quelquefois être utile, c'étaient les sentiments de confraternité qui me dictaient la conduite que je me suis toujours imposée comme un devoir; ces sentiments-là ne peuvent jamais changer.

Croyez bien que vous me trouverez dans l'avenir ce que j'ai été dans le passé.

En signe de remercîment, veuillez, Monsieur le Président, me permettre de vous donner une accolade bien sincère, destinée à tous, et à vous, Messieurs les délégués, une bonne poignée de main toute fraternelle.

M. Sellier et M. le Président échangent une cordiale accolade, au milieu des acclamations de l'Assemblée.

La séance est ensuite levée, et les assistants se rendent dans les salons de M. Wepler, où doit avoir lieu le Banquet.

COMPTE RENDU

DU BANQUET

M. Sellier, M. le Président et plusieurs membres de la Commission siégent à la table d'honneur, où s'assoient également les plus anciens ouvriers de l'imprimerie.

Au dessert, la parole est donnée à M. Clostre, secrétaire, lequel s'exprime ainsi :

MESSIEURS,

Quel est le but de cette nombreuse réunion ? S'agit-il de saluer une promotion à un grade supérieur dans la grande famille des travailleurs? Venons-nous souhaiter la bienvenue à un nouveau chef? Non! L'homme que nous fêtons est un ouvrier comme nous tous! Sa vie se passe au milieu de nous, et de quelque côté que se porte son regard, il ne rencontre que des regards amis!

Il n'avait été jusqu'ici offert de distinctions honorifiques qu'aux élus de la fortune ou du pouvoir, mais l'idée d'admettre à un pareil honneur un modeste ouvrier n'avait pas encore été mise au jour. C'est que la valeur des hommes est rarement appréciée par leurs égaux, et plus rarement encore récompensée par eux. Il faut des circonstances véritablement exceptionnelles pour que surgisse la pensée d'élever le travailleur au-dessus du niveau commun, en lui conférant les insignes du mérite et de la vertu. C'est à vous, Messieurs, promoteurs infatigables de tout ce qui peut rehausser le travail, qu'en était réservé la gloire !

Ces considérations, dont il n'est guère possible de contester la justesse, doublent la valeur de la distinction que vous avez conférée à notre cher camarade Sellier.

Ai-je besoin de rappeler ses titres à votre estime et à votre gratitude ? Depuis vingt ans que Sellier fait partie de la maison Dupont, combien d'actes de fraternité n'a-t-il pas acomplis ? A quelles joies, et aussi, hélas ! à quelles douleurs ne s'est-il pas associé ? Combien de démarches pénibles n'a-t-il pas épargné aux familles de ceux qui nous ont précédés dans la tombe ! Que de collectes faites par lui ! Que de larmes séchées ! Que de cœurs reconnaissants ont béni son intervention, toujours dévouée, toujours active, toujours désintéressée !

Aussi avec quel empressement l'idée de décerner une Médaille d'honneur à notre ami Sellier a t-elle été accueillie dans les ateliers ! Plus de 300 signatures apposées en quelques jours témoignent de l'unanimité du sentiment qui l'a inspirée !

Ami, acceptez avec une juste fierté ce gage de notre vieille amitié et de notre estime ! Que ce signe de l'honneur corporatif, que la main de notre excellent chef a placé sur votre poitrine, rappelle toujours à votre cœur les amis qui vous l'ont décerné et les services que vous avez été assez heureux pour leur rendre ! Qu'il reste dans votre famille pour lui rappeler perpétuellement que vous avez mérité d'être proposé en exemple à vos camarades !

En lisant sur cette Médaille, glorieuse récompense conquise sur ce champ de bataille éternel qu'on appelle le travail, ces mots touchants qui expriment si bien la pensée de ceux qui vous l'on décernée : *estime, amitié !* vous vous souviendrez toujours qu'à cette heure solennelle un pacte se conclut entre eux et vous : pacte sacré, car il est fondé sur un sentiment puissant et vrai : la reconnaissance ! car il est fondé sur une mutuelle affection, que rien désormais ne saurait affaiblir !

Et si, ce qu'à Dieu ne plaise, vous vous sépariez un jour de nous, que dans votre vieillesse elle soit comme un souvenir poétique des heures fortunées passées ensemble ! Qu'elle soit pour vous comme un écho lointain de ces agapes fraternelles dont vous étiez l'âme ! Que cette fête surtout reste dans votre mémoire, comme l'initiation à un principe nouveau, destiné à féconder l'avenir !

Au nom de tous les souscripteurs à la Médaille qui vous est offerte, au nom de tous les convives de ce Banquet, je vous demande la permission de vous embrasser, et de porter votre santé !

A notre ami Sellier !

Cette allocution est fréquemment interrompue par les applaudissements des convives, qui s'associent ainsi aux sentiments si flatteurs pour M. Sellier, dont M. Clostre se fait l'interprète.

Visiblement ému, M. Sellier se lève pour remercier l'Assemblée.

MESSIEURS,

Je ne puis ici que répéter ce que j'ai déjà dit : je suis heureux des marques de sympathie que vous me témoignez; soyez certains que je n'oublierai ce jour de ma vie.

Je vous remercie donc tous, et la Commission en particulier, du bonheur que j'éprouve en portant votre santé.

M. Desante prend ensuite la parole en ces termes :

MON CHER COMPATRIOTE ET AMI,

Je suis très-heureux de voir une Assemblée aussi nombreuse te témoigner aujourd'hui tout ce que le cœur ressent de joie et de bonheur en t'offrant un gage de l'amitié la plus sincère. C'est non-seulement à l'homme serviable, à l'homme généreux, que l'on offre aujourd'hui ce gage d'estime ; c'est aussi à l'artisan probe, à l'homme ayant toujours rempli loyalement ses devoirs corporatifs, à l'homme infatigable pour propager les idées véritablement philanthropiques.

Continue donc, cher ami, cette voie noble que tu t'es imposé de parcourir pendant ta carrière; car si un jour les forces venaient à te manquer, un de tes confrères pourrait alors, marchant sur tes traces, continuer ton œuvre bienfaisante, et acquérir, comme toi, l'amitié et l'estime de tous.

A la santé de notre ami SELLIER !

M. Desante termine en donnant lecture d'une lettre de M. Sellier aîné, de Lille, auquel une invitation de prendre part à la fête avait été adressée, et qui s'excuse, en termes touchants, de n'y pouvoir assister; M. Sellier aîné charge MM. Desante et Dutemple d'embrasser son cher Emile, ce que ceux-ci exécutent de grand cœur, au millieu des applaudissements enthousiastes de l'Assemblée.

Puis la parole est donnée à M. Parrot, qui s'exprime ainsi :

MESSIEURS,

Voltaire disait qu'on devait seulement *la vérité aux morts*, je suis plutôt d'avis qu'il faut la dire aux vivants. Aussi ai-je pris pour texte du toste à notre ami Sellier : LA VÉRITÉ ! Que cette noble déesse m'inspire, car je m'adresse à vous tous, en l'honneur d'un frère bien vivant, et bon vivant !

Les anciens nous représente cette divinité n'ayant pour abri que le fond d'un puits, pour seule parure et vêtement une splendide chevelure et un miroir ; pas plus que les anciens, notre ami ne s'offusquera de cette primitive nudité ; la nature féminine est pour lui comme pour nous tous l'attrait du cœur, et par-dessus tout l'idéal de l'art ; mais ce qu'à bon droit nous devons tenter, en véritables hommes de l'avenir, ce n'est pas de placer des oripeaux sur ce col de cygne, sur ce sein toujours vierge, sur ce front toujours pur, mais chercher à faire habiter la Vérité parmi nous, la tirer de ce puits qui donne froid à l'âme.... Et, tenez, pourquoi ne lui offririons-nous pas ce palais de cristal, diapré de mille couleurs, lorsque le dieu Bacchus y réside. Une idée : serait-ce impossible ? les poètes latins n'ont-ils pas dit : *Bonum vinum veritas?* Soyons les grands prêtres de cette union ; que la personnification du vin et la nourrice de l'humanité fassent un ménage de dieux ; les hommes y gagneront paix et concorde : ils seront véritablement frères. Notre vœu n'a-t-il pas un commencement d'exécution dans la vie de celui que nous fêtons à l'heure présente? Sellier n'est-il pas l'homme de tous et pour tous, sans préférence individuelle, sans épouser ce vilain mot de coterie qui est et sera toujours comme une tache de boue pestilentielle dans un atelier. Notre Émile marche le front haut, le cœur ferme, et s'il connaît toutes nos misères morales et physiques, il sait, par sa discrétion et son urbanité, les atténuer et les effacer au besoin. Oui, nous pouvons le lui dire avec vérité : Noble et touchant exemple de vingt années d'amitié constante, tu fus et tu seras longtemps encore l'organisateur de nos joyeuses fêtes, le consolateur de nos afflictions; toujours le premier pour le bien, tu dis un adieu sympathique sur une tombe, ton nom seul attire des amis bienfaisants au théâtre, tu prends l'initiative des réunions de famille; en un mot, tu es l'homme-verbe de notre imprimerie: la vérité, la vie !

Cette réunion sympathique, Messieurs, qui vient consacrer les sentiments exprimés par l'unanimité de l'atelier, est non-seulement un acte de confraternité pratique, mais encore et par-dessus tout un haut enseignement. Tous, tant que nous sommes, nous avons à imiter cet ami pour le bien qu'il a fait, pour l'urbanité de son cœur, pour effacer les traces de toute division, parce qu'il sait, comme nous, que la grande famille typographique doit être l'avant-garde du droit, de la justice et du devoir. Ces sentiments ont toujours été manifestés par les délégués de l'imprimerie Dupont; chaque année, cette maison exceptionnelle, à tous égards, réitère ses vœux de paix, concorde, bien-être pour tous; les paroles de nos délégués font chaque fois appel au sentiment pratique; notre ami Sellier résume donc en lui le programme de nos fêtes.

Nous l'avons dit naguère, en faisant un adieu à un chef estimé :

> Sous le joug jamais on est homme,
> La routine est tout le savoir ;
> On n'est qu'une bête de somme
> Sans apprécier le devoir !...
> La bonté seule est la sagesse,
> Elle sauva le genre humain;
> La dureté n'est que faiblesse,
> Soyons bons, soyons forts, en nous donnant la main !

Nous terminons, Messieurs, en portant un toste à la Vérité, oui, à la Vérité dans les actes comme dans les paroles, c'est-à-dire à celui qui en a été, jusqu'alors, la plus éloquente personnification: A notre ami SELLIER !

Les derniers mots de ce discours sont couverts par les applaudissements unanimes de l'Assemblée, heureuse d'entendre ainsi exprimer les sentiments éprouvés par tous.

M. Grosley porte à son tour un toste à M. Sellier.

MONSIEUR SELLIER,

Je ne puis, comme la plupart des personnes qui sont ici, invoquer le titre d'une ancienne camaraderie pour vous féliciter aujourd'hui du témoignage de reconnaissance qui vous est accordé, et que de nombreuses années de dévouement vous ont si bien mérité.

Je viens, au nom des nouveaux venus parmi vous, apporter un faible tribut d'hommages à l'homme qui, à leur entrée dans la maison, a été leur guide et leur appui, toujours disposé à leur rendre service, et toujours le faisant avec la modestie et l'aménité que nous vous connaissons tous ; mettant ainsi en pratique le vrai principe de la confraternité typographique, si souvent prôné, mais si rarement justifié par tant d'entre nous.

Je viens surtout rendre hommage à l'homme modeste qui, toujours, dans les divers emplois où les circonstances l'ont placé, s'est souvenu avant tout qu'il était ouvrier, et a compris que les intérêts qu'il devait défendre les premiers étaient ceux de ses condisciples. — J'ai la ferme confiance, Monsieur Sellier, que vous persévérerez dans cette voie, et je souhaite de tout mon cœur que votre conduite soit pour nous tous un enseignement dans l'avenir, ce qui éviterait souvent des luttes et des divisions, toujours regrettables.

Courage, Monsieur Sellier, dans la voie que vous nous tracez, vous serez suivi par tous les hommes de cœur.

Messieurs, à notre camarade et ami SELLIER !

M. Grosley donne l'accolade à M. Sellier, au milieu des applaudissements de l'Assemblée.

M. Faye, prote, président, prend ensuite la parole et porte le toste suivant:

MES AMIS,

Je crois être l'interprète des sentiments de tous, en vous proposant un toste à notre estimable patron, et à son digne représentant, M. Boyer.

Dans cette fête de famille, qui a pour but d'honorer ceux qui font le bien, les oublier serait impardonnable de notre part, car ce serait de l'ingratitude !

A M. Dupont !
A M. Boyer !

Applaudissements unanimes et prolongés.

M. Sellier porte un toste aux absents, aux souscripteurs que leurs affaires retiennent loin de la fête; et ils les remercie du fond du cœur de la preuve d'estime qu'ils lui ont donnée !

M. Faye prend de nouveau la parole et porte le toste que voici :

Mes chers amis,

Je crois être encore votre interprète, en vous proposant un nouveau toste, destiné à ceux d'entre nous qui ont eu l'heureuse initiative de la fête qui nous réunit en ce moment; car, dans ma pensée, l'idée qu'ils ont eue de reconnaître les services rendus à nous tous par notre ami Sellier me fait croire qu'ils sauraient, au besoin, nous les rendre eux-mêmes; je vous les nommerais bien, mais ne les connaissant pas parfaitement, j'aime mieux vous dire, sûr que notre toste arrivera à son adresse :

A MM. les Membres des deux Commissions !

M. Clostre remercie M. Faye au nom des deux Commissions, et porte la santé des chefs de la maison, qui ne laissent jamais échapper l'occasion de s'associer aux manifestations qui ont pour objet d'honorer le travail dans la personne des travailleurs; puis il donne lecture à l'Assemblée d'une lettre de M. Wassermann, exprimant son regret de ne pouvoir assister à cette belle réunion.

Pour clore dignement cette fête de famille, M. Hernoud fait entendre le chant: *Travailler c'est la loi!...* et il reçoit les félicitations de tous les convives.

M. Bancel, de sa voix vibrante et magnétique, électrise l'assemblée par les divers chants qu'il fait entendre; plusieurs couplets de *l'Honneur et l'Argent* sont redemandés et produisent un vif enthousiasme.

Avant de se séparer, l'Assemblée, sur la proposition de M. Bisiaux, décide qu'un compte rendu de la fête sera imprimé par les soins de la Commission.

Le Banquet est terminé à 6 heures, et chacun se retire avec la satisfaction d'avoir concouru à une œuvre qui pose un principe nouveau : *la récompense de l'ouvrier méritant par les ouvriers eux-mêmes.*

Paris, impr. Paul Dupont.

PARIS, PAUL DUPONT.

www.ingramcontent.com/pod-product-compliance
Lightning Source LLC
Chambersburg PA
CBHW061458050726
47593CB00004B/1691